Collection dirigée par Hélène Montardre
Correction scientifique : Philippe Dubois
Maquette : Sarbacane

Loi n° 49-956 du 16 juillet 1949
sur les publications destinées à la jeunesse
Dépôt légal : avril 2000

Qui es-tu ?
La coccinelle

Textes de Christian Marie

MANGO JEUNESSE

Qu'elle est mignonne !

Bien installée sur une grande feuille, la coccinelle se chauffe au soleil. Comme elle est jolie, toute rouge avec ses points noirs !
Mais la carapace qu'elle porte sur le dos est en fait une paire d'ailes. On les appelle « élytres ».
Elles servent à protéger une seconde paire d'ailes, plus fragiles, qui lui permettent de voler.

La coccinelle est superbe avec sa carapace rouge à points noirs. Mais le rôle de cette carapace n'est pas seulement de faire joli, bien au contraire.

À TON AVIS :

À quoi servent les points qui décorent le dos de la coccinelle ?

→ Réponse 1 : À faire peur à ceux qui voudraient la croquer.

→ Réponse 2 : À connaître son âge.

→ Réponse 3 : À distinguer les différentes espèces de coccinelles.

... Les points de la coccinelle servent à faire

La coccinelle à 2 points est très commune. Elle est souvent rouge à points noirs.

La plupart des coccinelles sont toutes petites : elles mesurent moins de un centimètre. Leurs 6 pattes sont munies de petits crochets qui leur permettent de s'accrocher aux feuilles la tête en bas. Leur corps est lisse et bombé : il ressemble à une cuirasse très solide, de couleur rouge, noire ou jaune avec des points noirs, rouges ou blancs. Selon les espèces, les coccinelles ont 2, 10, 22 points ou... pas de points du tout ! Couleur et points sont là pour effrayer leurs ennemis. La plus connue de toutes les coccinelles est la coccinelle rouge à 7 points.

Certaines coccinelles n'ont pas de points du tout.

Certaines coccinelles ne sont pas rouges, mais roses... ou jaunes.

peur à ceux qui voudraient la croquer.

Certaines coccinelles sont rouges à points blancs.

Certaines coccinelles inversent la couleur : noires à points rouges !

La coccinelle est une ogresse !

La coccinelle est toujours affamée. Son plat préféré est le puceron. Mais certaines espèces préfèrent les cochenilles, les champignons ou les plantes. La coccinelle est toute petite et pourtant ses mâchoires sont très puissantes. On les appelle aussi des « mandibules ».

Elles servent à broyer les insectes qui se trouvent sur son passage.

Quand les pucerons sont trop nombreux sur une plante, ils finissent par la tuer. La coccinelle, qui peut en avaler 100 dans la journée, rend de grands services aux jardiniers.

À TON AVIS :

Comment la coccinelle tue-t-elle les pucerons ?

→ Réponse 1 : En les regardant droit dans les yeux.

→ Réponse 2 : En leur faisant un croche-patte.

→ Réponse 3 : En leur injectant de la salive.

... La coccinelle tue les pucerons

Les pucerons vivent tous ensemble sur les fleurs en bouton, les tiges ou les feuilles des plantes. C'est là que la coccinelle va les trouver. Elle commence par mordre un puceron.
Puis elle lui injecte sa salive pour le ramollir. Elle le broie alors avec ses mandibules.

Elle peut aussi en aspirer le contenu et pfffft ! le puceron se dégonfle ; comme un ballon ! Et la coccinelle passe au suivant.

Les pucerons vivent en colonie sur les tiges ou les feuilles de la plante. Ils en sucent la sève et finissent par l'asphyxier. Ils peuvent aussi lui transmettre des maladies.

Les mandibules de la coccinelle sont très puissantes. Pour le puceron, la coccinelle est une véritable ogresse.

en leur injectant de la salive.

Lorsque la coccinelle ne croque pas le puceron, elle en aspire le contenu.
Il ne reste plus que l'enveloppe et les pattes.

Dès que le printemps revient

Pendant l'hiver, la coccinelle se cache. Bien à l'abri sous une pierre ou sous l'écorce d'un arbre, elle ne bouge plus et attend le retour du printemps. Un jour, le soleil devient plus chaud, les arbres bourgeonnent et toute la nature se réveille. C'est le printemps ! Et à l'annonce des beaux jours, la coccinelle, comme toutes les espèces vivantes, ressent le besoin de se reproduire.

L'hiver, les coccinelles se regroupent sous les pierres ou, si la température le permet, sur les branches d'un arbre. Beaucoup ne se réveillent pas.

À TON AVIS :

Comment naissent les bébés coccinelles ?

→ Réponse 1 : Dans les choux ou dans les roses.

→ Réponse 2 : Ils sont apportés par les cigognes.

→ Réponse 3 : Dans les œufs pondus par la maman.

... Les bébés coccinelles naissent

Dès qu'il fait assez chaud, le papa coccinelle se met à la recherche d'une compagne. Il commence par tourner autour d'elle puis finit par monter sur elle pour la féconder. Ce n'est pas très facile de rester en équilibre sur ce dos tout rond et tout lisse ! Surtout que la future maman ne s'occupe pas de lui. Quelques jours après l'accouplement, la maman coccinelle dépose des œufs jaunes sous les feuilles des plantes. Elle prend soin de choisir un endroit plein de pucerons !

Il est très difficile de reconnaître une coccinelle mâle d'une coccinelle femelle. Sauf au moment de l'accouplement : c'est le mâle qui monte sur la femelle.

Pondus par la maman coccinelle, les œufs sont délicatement rangés sur la surface d'une feuille. Ils sont minuscules.

dans des œufs pondus par la maman.

Les larves qui vont sortir des œufs vont adorer les pucerons. C'est pour cela que la maman coccinelle choisit une tige ou une feuille couverte de pucerons pour déposer ses œufs.

Bonjour les bébés !

Au bout de quelques jours, des larves de couleur gris-bleu ponctuée de points jaunes sortent des œufs. Aussitôt, elles se précipitent sur les pucerons. Au début, la larve est plus petite que le puceron mais elle va grandir et d'une drôle de façon ! Comme sa peau est devenue trop petite, elle se déchire. Une nouvelle larve en sort, habillée d'une peau plus grande. En 18 jours, la larve change ainsi 4 fois de peau. On dit qu'elle mue.

À TON AVIS :

Pourquoi la larve de la coccinelle change-t-elle de peau ?

➜ Réponse 1 : Parce que c'est une transformation obligatoire pour devenir adulte.

➜ Réponse 2 : Parce qu'elle n'est pas bien dans sa peau.

➜ Réponse 3 : Parce qu'elle n'aime pas la couleur de sa peau.

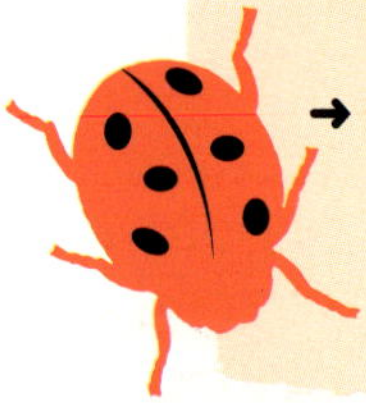

Les larves sortent des œufs la tête en bas. Elles sont minuscules, transparentes et très fragiles.

... La larve change de peau parce que c'est une

Ah ! La coccinelle, quelle farceuse, toujours en train de changer de tenue ! Mais, pour elle, c'est le seul moyen de devenir adulte. Au bout de trois semaines, la larve se fixe sur une plante. Elle se transforme en chrysalide : une sorte d'enveloppe rayée d'orange et de noir. À l'intérieur, la future coccinelle se prépare.
Une semaine plus tard, elle est prête : la voilà qui sort ! Surprise !
Elle est toute jaune et n'a pas de points noirs.

Lorsqu'elle est devenue assez grosse, la larve se fixe sur une plante.

Tout doucement et sans bouger, la larve se transforme en coccinelle.

transformation obligatoire pour devenir adulte.

Au sortir de la chrysalide, la carapace de la coccinelle est jaune, sans points noirs et toute molle. Quelques heures plus tard, les élytres durcissent, deviennent rouges et ensuite les premiers points apparaissent. L'enveloppe dans laquelle la coccinelle s'est développée est devenue un sac vide et inutile.

Quelle aventure !

Voilà la jeune coccinelle prête à explorer le monde. Elle grimpe au sommet d'un brin d'herbe, ouvre ses élytres et déploie ses ailes membraneuses pour s'envoler. Attention, petite coccinelle ! En effet, la vie de la coccinelle n'est pas toujours facile. Les oiseaux, les rongeurs et les araignées lui donnent la chasse, et elle doit savoir se défendre.

Les élytres de la coccinelle sont fixes et soutiennent la coccinelle lorsqu'elle est en vol. Mais ce sont ses ailes membraneuses qui lui permettent vraiment de voler.

À TON AVIS :

Comment fait la coccinelle pour se défendre quand elle ne peut pas s'envoler ?

→ Réponse 1 : Elle change de couleur, comme le caméléon.

→ Réponse 2 : Elle se laisse tomber sur le dos et ne bouge plus.

→ Réponse 3 : Elle fait demi-tour en ignorant son ennemi.

... Pour se protéger, la coccinelle se laisse

Malgré sa petite taille, la coccinelle dispose de bons moyens pour échapper aux dangers qui la guettent. D'abord, c'est une bonne comédienne. Lorsqu'elle est attaquée, elle se laisse tomber sur le dos et fait semblant d'être morte. Quand son ennemi, découragé, s'en va, hop ! elle se remet sur ses pattes. Mais la coccinelle possède une seconde arme : elle sécrète un liquide dont l'odeur est épouvantable. Ceux qui s'y sont frottés n'y reviennent jamais.

Grâce à deux petits trous situés de chaque côté de son abdomen, la coccinelle projette des gouttes de sang amer qui ne sentent pas très bon et qui découragent ses attaquants.

Lorsqu'elle est attaquée, la coccinelle se laisse tomber sur le dos, replie ses pattes et attend le moment le plus favorable pour repartir.

Attention ! Les fourmis aussi aiment les pucerons ! Et si une larve de coccinelle se trouve sur leur passage, elles n'hésiteront pas à l'attaquer.

omber sur le dos et ne bouge plus.

De nombreuses coccinelles naissent au printemps. Pourtant, bien peu survivront car les dangers qui les attendent sont nombreux : les oiseaux, les insectes et les maladies.

La coccinelle appartient à la classe des **insectes** : comme tous les insectes, elle possède 6 pattes et 2 antennes.
Elle appartient à l'ordre des **coléoptères** : comme tous les coléoptères, elle est protégée par une cuirasse très dure. Elle appartient à la famille des **coccinelles** : cette famille réunit plus de 2 500 espèces différentes de coccinelles. Le nom latin de l'espèce la plus commune est ***Coccinella septempunctata*** : tous les animaux ont un nom savant qui est compris par les scientifiques du monde entier. À sa naissance, la coccinelle à 7 points est jaune et sans points. Puis elle devient rouge à points noirs. La coccinelle vit dans les **prés** et les **cultures**. La coccinelle vit environ **un an**. On l'appelle bête à bon Dieu, mais on ne sait pas pourquoi. Peut-être tout simplement parce qu'elle est une aide efficace et naturelle dans la protection des cultures.

Pour les autres animaux, la couleur rouge signifie : « Danger ! »

Les élytres sont rigides. Elles protègent les ailes membraneuses.

Les ailes membraneuses sont fragiles. Elles servent à voler. Elles sont repliées sous les élytres lorsque la coccinelle est posée.

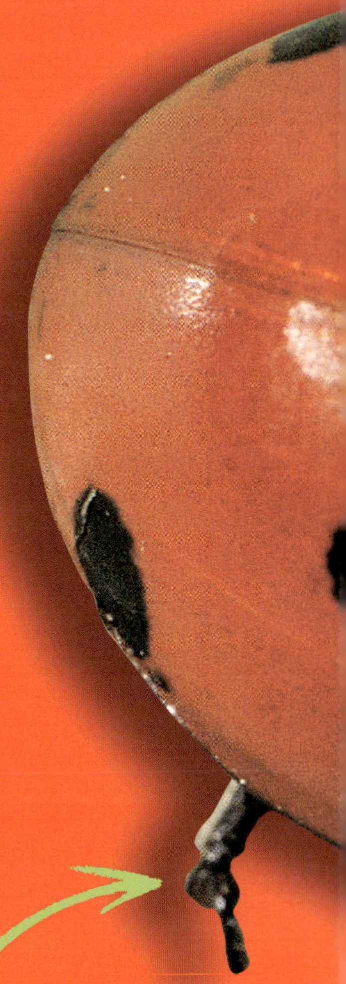

La coccinelle possède 6 pattes, comme tous les insectes.

Les animaux sont très nombreux et très différents les uns des autres.
Pour s'y retrouver, les scientifiques les ont classés en fonction de leurs ressemblances et de leur façon de vivre.

LA PETITE COCCINELLE

Crédit photographique

© Sunset :
photo N.H.P.A. : page 12 (b),
photos Animals : pages 10, 11,
photo P. Arthaud : pages 1, 2,
photos Holt Studios : pages 3, 6, 7, 20 (h),
photo P. Lorne : page 9

© Colibri :
photo J.L. Paumard : pages 19, 22,
photo J.M. Prevot : page 23

© Jacana :
Henri Veiller page 4 (h),
Fabien Roberdeau page 5 (h),
Fred Winner page 4 (b-g),
Arcangelo Manoni page 4 (b-d),
Patrick Lorne couverture et pages 5 (b), 8 (h), 9, 14, 15, 16 (h), 16 (b), 17, 20 (b),
C. & M. Moiton page 8 (b),
J.P. Saussez page 12 (h),
René Dulhoste page 13,
Daniel Collobert page 18,
Bernard Rebouleau page 21

© Bios :
A. et J.C. Malausa page 20 (g)

h : haut, b : bas, d : droite, g : gauche